अनुभव की छाँव

शकुन्तला चौबे

Made with ❤ on the Notion Press Platform
www.notionpress.com

यह पुस्तक "अनुभव की छाँव" उन सभी लोगों को समर्पित है, जो मेरे जीवन में आए और अपने साथ अनमोल सीखें लेकर आए।

आपके साथ बिताए गए लम्हे, आपकी बातें, आपके रिश्तों की ऊष्मा और ठंडक - इन सभी ने मेरे जीवन को संवारने का, समझने का और महसूस करने का अवसर दिया। इन्हीं अनुभवों की छाँव में मैंने जीवन और रिश्तों पर ये कविताएँ रची हैं।

आपके योगदान के बिना ये शब्द कभी आकार न ले पाते। आप सभी का धन्यवाद।

क्रम-सूची

क्रम-सूची

प्रस्तावना

जीवन एक विस्तृत पुस्तक है, जिसमें हर दिन एक नया पृष्ठ जोड़ता है, और हर पृष्ठ पर अनुभवों की छाप होती है। कुछ पृष्ठ हँसी और खुशी से भरपूर होते हैं, तो कुछ दर्द और सीख से। जीवन के इन्हीं रंगों और रिश्तों के तानों-बानों को मैंने अपनी कविताओं में उकेरने का प्रयास किया है।

मेरी उम्र के 78 वसंत बीत चुके हैं, और इन वर्षों के दौरान मैंने जीवन को कई रूपों में देखा और महसूस किया है। हर रिश्ते ने मुझे कुछ सिखाया, हर अनुभव ने मुझे एक नया दृष्टिकोण दिया। जीवन के इन्हीं अनुभवों की छांव में मैंने महसूस किया कि हम सभी अपने-अपने तरीके से सीखते हैं, बढ़ते हैं, और रिश्तों के माध्यम से खुद को खोजते हैं।

यह संग्रह उन अनुभवों का प्रतिबिंब है, जो मैंने अपने जीवन के सफर में प्राप्त किए हैं। हर कविता किसी न किसी पल, किसी न किसी व्यक्ति या संबंध से जुड़ी है, जिसने मेरे जीवन में गहरा असर डाला है।

इस पुस्तक को लिखते समय, मैंने अपने जीवन के उन अनमोल क्षणों को फिर से जिया, जो रिश्तों की गहराई और जीवन के सार को समझाने वाले थे। आशा करती हूँ कि ये कविताएँ आपको भी आपके जीवन के अनछुए पहलुओं से जोड़ेंगी और रिश्तों के नए आयाम दिखाएँगी।

आप सभी पाठकों का स्वागत है इस सफर में, जहाँ हम मिलकर जीवन की विभिन्न छवियों का आनंद लेंगे और उसकी अनुभूति करेंगे।

भूमिका

जीवन के सफर में, हम अनेक मोड़ों और पड़ावों से गुजरते हैं। हर मोड़ पर हम कुछ नया सीखते हैं - कभी रिश्तों की गहराईयों को समझते हैं, तो कभी जीवन की सच्चाइयों से रूबरू होते हैं। इन अनुभवों ने ही मेरे विचारों को आकार दिया, और यही मेरे इस काव्य संग्रह "अनुभव की छाँव" की प्रेरणा बने।

इस पुस्तक में सजी कविताएँ, मेरे जीवन के उन क्षणों और उन रिश्तों का प्रतिबिंब हैं, जिन्होंने मुझे सोचने और महसूस करने के नए तरीके सिखाए। रिश्ते - चाहे वे परिवार के हों, मित्रता के या समाज के - हर एक ने मुझे जीवन के विभिन्न रंग दिखाए। ये कविताएँ उन्हीं रंगों को शब्दों के माध्यम से आपके सामने प्रस्तुत करने का प्रयास हैं।

मेरे 78 वर्षों के अनुभवों ने यह सिखाया है कि जीवन की सबसे बड़ी शिक्षा हमें हमारे आस-पास के लोग ही देते हैं। उनके साथ बिताए हर पल में एक कहानी छिपी होती है, एक सीख होती है। और यही कहानियाँ और सीखें मेरी कविताओं का आधार बनीं।

आप इस पुस्तक को पढ़ते हुए शायद अपने जीवन के किसी हिस्से से जुड़ाव महसूस करेंगे। मेरी कविताएँ आपके उन भावों और अनुभवों को छूने का प्रयास हैं, जो समय के साथ कहीं गहरे में छिप गए हों।

आशा है कि यह काव्य संग्रह आपको जीवन और रिश्तों की छाँव में एक नई दृष्टि और सुकून का अहसास कराएगा।

1. मंज़िल की ओर

मंज़िल की ओर जाना है तो,
बाधाओं से न घबराना तू!
राह कितनी भी कठिन हो,
छोड़ मत भाग जाना तू!
मंज़िल अगर पानी है तो,
दिल में लगन ज़रूर रखना तू!
पग पग पर चुनौतियों का सामना करना पड़े तो,
हार न मान लेना तू!
खुल जाएँगे सारे रास्ते तो,
अपनी ज़िद पर अड़ तो तू!
संघर्ष नहीं किया तूने तो,
मंज़िल पर कैसे जाएगा तू!
जब क़दम थक जायें तो,
हौंसला साथ रखना तू!
मंज़िल पर जाना है तो,
कई बार हारेगा भी तू!
हौसले बुलंद हो तेरे तो,
मंज़िल पर ज़रूर पहुँचेगा तू!
मंज़िल की ओर जाना है तो,
बाधाओं से न घबराना तू!!

2. आशा की किरण

जैसे घोर अंधकार में,
दीपक की लौ काफ़ी है!
वैसे ही निराशा के अंधकार में,
एक आशा की किरण काफ़ी है!
हारना भी पड़ा अगर जीवन में,
निराश न होना तुम!
आशा का दीपक जलाए रखना,
हर समय दिल में तुम!
हार तो जीवन का हिस्सा है,
स्वीकार करो इसको तुम!
किसको मिली है सफलता,
एक ही बार में,
असफलता को देख कर,
निराश न होना तुम!
सारे काँटे असफलता के हट जाएँगे राह से,
आशा का दामन बस थामे रखना तुम!
सफलता खड़ी होगी एक दिन द्वार पर,
असफलता देख कभी निराश न होना तुम!!

3. सपनों की उड़ान

सपनों को साकार बनाना हो तो,
कदम न रुकने देना तुम!
निराशा के बादल छा जाएँ तो,
निराश न हो जाना तुम!
पग पग पर आलोचक भी मिलें तो,
हिम्मत मत हारना तुम!
कुछ बड़ा करने जा रहे हो तो,
धीरज भी रखना तुम!
सपनों को साकार बनाना हो तो,
क़दम न रुकने देना तुम!
रास्ते कभी सीधे न मिलें तो,
रुक न जाना तुम!
सपनों को साकार करना हो तो,
मन में जुनून रखना तुम!
छोटे छोटे प्रयास से ही तो,
कुछ बड़ा कर दिखाओगे तुम,
कोशिश करोगे डट कर तो,
हासिल कुछ कर पाओगे तुम!
तुम्हारा मनोबल भी लोग गिरायें तो,
ध्यान ही मत देना तुम!
अपने लक्ष्य को पाने की ज़िद आ जाए तो,
सपने साकार कर लोगे तुम!
सपनों को साकार बनाना हो तो,
क़दम न रुकने देना तुम!

4. डर का साया

ये कैसा डर का साया है,
ये कैसा डर का साया है!!
हर किसी पर डर का साया, मँडरा रहा है,
न जाने क्यों हर मानव घबरा रहा है!
बच्चों पर परीक्षा का, डर मँडरा रहा है,
फ़ेल न हो जाने का डर सता रहा है!
युवक पर नौकरी का डर, मँडरा रहा है,
नौकरी न मिलने का, डर सता रहा है!
ये कैसा डर का साया है,
ये कैसा डर का साया है!!
पुरुषों पर बच्चों की परवरिश, का डर मँडरा रहा है,
बच्चों के भविष्य का डर, सता रहा है!
बेटियों पर कोई आँच न आए, उसका डर मँडरा रहा है,
बेटियों की सुरक्षा का डर, सता रहा है!
वृद्धों पर बीमारी का डर, मँडरा रहा है,
भविष्य का सोच कर डर, उन्हें सता रहा है!
ये कैसा डर का साया है,
ये कैसा डर का साया है!!
डर से न घबराना मानव, डर को ही तुम्हें डराना है!
डर से अगर हार गए तुम, तो जीवन भर पछताना है!
डर से न डरकर, तुम्हें डर को ही भगाना है!
डर से रह गए जो सपने अधूरे, पूरा उन्हें करना है!
डर से न घबराना मानव, डर को ही तुम्हें डराना है!
डर से न घबराना मानव, डर को ही तुम्हें डराना है!!!!

5. आँख में आँसू

आँख में आँसू ऐसे ही नहीं आते!!
किसी के शब्द बाणों से,
चोट पहुँचती है जब हृदय पर!
मन के द्रवित हो जाने पर,
आँख से अविरल धारा बहने लगती है!
आँख में आँसू ऐसे ही नहीं आते!!
अचानक किसी से बिछड़ जाने पर,
बीती बातों को याद करने पर,
निराशा के बादल छा जाने पर,
आँख से अश्रु धारा बहने लगती है!
आँख में आँसू ऐसे ही नहीं आते!!
सपने पूरे न हो पाने पर,
चुनौतियों का सामना न कर सकने पर,
हिम्मत का बाँध टूट जाने पर,
आँख से आँसू की धारा बहने लगती है!
आँख में आँसू ऐसे ही नहीं आते!!
अचानक कामयाबी के शिखर पर पहुँचने पर,
अधूरे सपने पूरे होने पर,
बिछड़ों से अचानक मिलने पर,
ख़ुशी से आँख से आँसू निकलने लगते हैं!
आँख में आँसू ऐसे ही नहीं आते!!
केबीसी में नम्बर आ जाने पर,
हॉट सीट पर बैठने का मौक़ा मिलने पर,
अपार धन राशि मिलने पर,

ख़ुशी से आँसू छलकने लगते हैं!
आँख में आँसू ऐसे ही नहीं आते!!

ख़ुशी से आँसू छलकने लगते हैं!
आँख में आँसू ऐसे ही नहीं आते!!

6. प्रकृति से सीख

अनजाने में ही प्रकृति हमें, न जाने क्या क्या सिखाती है!

कभी गर्मी की तपिश से, नदियों का पानी सूखा देती है,

तो कभी वर्षा से उन्हें, कल कल बहता दिखाती है!

कभी ऊँचे ऊँचे पर्वत दिखा, घाटियाँ फिर दिखाती है,

जीवन के उतार चढ़ावों का, अनुभव इस तरह कराती है!

अनजाने में ही प्रकृति हमें, न जाने क्या क्या सिखाती है!!

कभी पतझड़ से पेड़ की पत्तियाँ गिरा, सूना उन्हें कर देती है,

फिर नई पत्तियों से उनकी, शाखाओं को लहलहा देती है!

कभी झरनों से पानी गिरा, गिरने का आभास कराती है,

उसी पानी को फिर, कल कल बहता नदियों में दिखाती है!

अनजाने में ही प्रकृति हमें, न जाने क्या क्या सिखाती है!!

कभी घनघोर अंधेरे के बाद, सूरज की किरण दिखाती है,

निराशा के बाद इसी तरह, आशा की किरण जगाती है!

कभी ऊँचे ऊँचे पर्वत दिखा, ऊँचाइयों का आभास कराती है,

तो ढलाई पर्वत की दिखा, नीचे जाने का आभास भी कराती है!

अनजाने में ही प्रकृति हमें, न जाने क्या क्या सिखाती है!!

कभी पक्षियों की चहचहाट से, मधुर संगीत सुनाती है,

तो फिर रात्रि में सन्नाटे का, आभास भी कराती है!

कभी हरे भरे जंगल दिखा, मिलजुल कर रहना सिखाती है,

तो कभी वीरान घाटियाँ दिखा, एकांत में जीना भी सिखाती है!

अनजाने में ही प्रकृति हमें, न जाने क्या क्या सिखाती है!!!!

7. सृष्टि

हे प्रभु जिस सृष्टि की, तूने रचना की है,
उसके साथ, ये मनुष्य खिलवाड़ कर रहा है!
तेरी रची सारी सृष्टि को, ये चुनौती दे रहा है!
मानवता के नाम पर, काला इतिहास रच रहा है!
देश ही देश का, दुश्मन बन रहा है!
मिसाइल के दम पर, मदहोश हो रहा है!
आगे निकलने की होड़ में, पागल हो रहा है!
देश ही देश को, तबाह कर रहा है!
आधुनिकता के नाम पर,
जंगलों, पहाड़ों को नष्ट कर रहा है!
चाँद और सूरज पर जाने की, होड़ मचा रहा है!
चाँद पर भी, घर बसाने की सोच रहा है!
तेरी लीला को हे प्रभु, समझ नहीं रहा है!
हे प्रभु जिस सृष्टि की, तूने रचना की है,
उसके साथ, ये मनुष्य खिलवाड़ कर रहा है॥

8. गृहिणी का दर्द

मौज मस्ती भूला कर, सखी सहेलियों को छोड़ कर,
बाबुल का अँगना सूना कर, उन्हें रोता छोड़ कर,
दिल में कई अरमान ले कर, सुन्दर सपने संजोकर,
चली आई साजन के घर, मायके से विदा हो कर!
सासु माँ के लाड़ से, साजन के प्यार से,
सँवारने लग रही थी घर को, बड़े प्यार से!
सभी की ख़ुशियों का ध्यान रख, अपने को भूला कर,
घर के कामों में रह गई मैं, उलझ कर!
परिवार का बोझ बढ़ने लगा, देखते ही देखते मेरे ऊपर,
बच्चों की परवरिश के कारण, ध्यान ही न रहा मेरे ऊपर!
आयने में देखा मेरा दमकता चेहरा, वो मुझ्रा गया था,
मेरा योवन भी, जाने कहाँ चला गया था!
परिवार की ख़ुशियों की ख़ातिर, अपने योवन को भूला कर,
दिन भर लगी रहती थी, अपनी ख़ुशियों को त्याग कर!
क्यों नौकरी पेशा वाली स्त्री से मुझे कम आँका जाता है,
सोचा है कभी, घर चलाना इतना आसान नहीं होता है!
क्या धन कमाने वाली, स्त्री का ही सम्मान होता है,
क्या एक कुशल गृहिणी का, महत्व नहीं होता है!
लोगों की सोच पर, शर्म आती है मुझको,
क्या सिर्फ़ पैसे के खातिर, छोटा समझा जाता है मुझको!
शान से कहूँगी, एक कुशल गृहिणी हूँ मैं,
इस घर की लाज, रखने वाली हूँ मैं!!
बच्चों की ममता मयी माँ हूँ मैं,
कर्तव्य अपना, निभाने वाली हूँ मैं!!

9. भाई एक अनमोल रत्न

वो बहन कितनी उदास होगी,
जिसके न कोई भाई होगा!
भाई दूज के त्योहार पर,
उसका कितना मन, उदास होगा!!
भाई के बिना तो, जीवन की ख़ुशी अधूरी है,
भाई हो साथ अगर, तो किस बात की फ़िक्र है!
पग पग पर बाधाएँ आयें तो, भाई हरदम साथ है,
हर ख़ुशी या ग़म में, कभी न छोड़ता साथ है!!
ईश्वर से विनती करती, बहन भाई की कुशलता की,
माथे पर लगा तिलक, देती दुआयें ख़ुशियों की!
न आए कभी, कोई संकट हे ईश्वर भाई पर,
हर संकट से बचाना प्रभु, ख़ुशियाँ न्योछावर कर देना भाई पर!!
रिश्ते के मीठेपन का, अहसास दिलाता है ये त्योहार,
बचपन की यादों से जुड़ा, भाई बहन का ये त्योहार!
उम्र चाहे कितनी भी हो जाए, नहीं छोड़ता बहन का साथ,
हे प्रभु हरदम बनाए रखना, भाई को मेरे साथ!!

10. नारी शक्ति

नारी को कम न आँको तुम,
नारी की शक्ति को पहचानो तुम!
नारी बिन अधूरा है नर,
नारी बिन सुना है घर!
ममता की मूरत है नारी,
देवी का अवतार है नारी!
अबला नहीं, सबला है नारी,
वीरता में किसी से, कम नहीं नारी!
आज़ादी की लड़ाई में, वीरता दिखाई नारी ने,
दुश्मनों के छक्के, छुड़ाए नारी ने!
मत भूलो रण छेत्र में भी, आगे खड़ी है नारी,
पुरुषों के साथ, कंधा मिलाए खड़ी है नारी!
अंतरिक्ष में भी, उड़ान भर रही है नारी,
बड़े बड़े ओहदों पर, विराजमान है नारी!
भारत का गौरव है नारी,
भारत की शान है नारी!
जीवनदायी है नारी, सृष्टि कर्ता है नारी,
पालपोष कर हमें, बड़ा करने वाली है नारी!
सह ना सकेगी हे मनचलों, अब तुम्हारे अत्याचार नारी,
वीरांगना बन अब, अपना रूप दिखाएगी नारी!
नारी को कम ना आँको तुम,
नारी की शक्ति पहचानो तुम!

11. बेटी घर की शान है

ये न समझो माँ, सिर्फ़ बेटी हूँ मैं,
इस घर की, शान हूँ मैं!
माँ दुर्गा का, अवतार हूँ मैं,
दरिंदों का, काल हूँ मैं!
ऊँचाइयों तक, जा सकती हूँ मैं,
ज़रूरत पर, लड़ सकती हूँ मैं!
जीवन के हर क्षेत्र में, आगे बड़ी हूँ मैं,
कंधे से कंधा मिलाये, खड़ी हूँ मैं!
जूडो कराटे में, माहिर हूँ मैं,
हर दाँव पेंच में भी, माहिर हूँ मैं!
बेटों से किसी बात में, कम नहीं हूँ मैं,
नाम घर का, रौशन करुँगी मैं!
घर को स्वर्ग, बनाऊँगी मैं,
हर क़दम पर, साथ निभाऊँगी मैं!
घर की लाज, माँ बचाऊँगी मैं,
फ़र्ज़ अपना निभाऊँगी मैं!

12. सर्दी के सूर्यदेवता

कड़ाके की सर्द हवा में, सारे लोग ठिठुर रहे हैं,
इन्तज़ार तुम्हारा हे सूर्यदेव, लोग सारे कर रहे हैं!
क्या सर्दी के कारण, तुम भी बादलों की चादर ओढ़ दुबके हो?
हे सूर्यदेव, तरस रहे हैं लोग तुम्हारे दर्शन करने को!
लग रहा है जैसे, सर्दी के कारण तुम भी अलसा रहे हो,
बाहर निकलने की, हिम्मत न कर पा रहे हो!
बड़े इन्तज़ार के बाद, अपना कोहरे की चादर से शर्माता हुआ,
मुखड़ा लालिमा लिए हुए, तुमने दिखा ही दिया!
लग रहा जैसे, कोहरे की ओढ़नी ओढ़े नई बहू शर्मा रही है,
बादलों की ओट में, न जाने क्यों लजा रही है!
गर्मी सी तपिश दिखा, अब तो दया कर दो तुम,
कंपकपाते लोगों को, राहत सर्दी से दिला दो तुम!
थर थर लोग काँप रहे हैं, रज़ाई में दुबक रहे हैं,
मफ़लर टोपी पहने भी, हाथ देखो काँप रहे हैं!
ये क्या सूर्यदेव, बाहर तो तुम आ गये,
अपनी गर्माहट तो, न जाने कहाँ छोड़ आये!
बार बार बादलों की ओट में, छिप रहे हो,
क्या सर्द हवा से, परेशान तुम भी हो रहे हो?
थोड़ी दया कर, गर्मी सी तपिश कुछ देर दिखा दो तुम,
ठिठुरते लोगों पर, अहसान इतना बस कर दो तुम!
तुम्हारे बिना तो, सारा जग सुना है,
बिन तुम्हारे, चहुँ ओर अंधेरा है!!

13. शिशु के मन की व्यथा

क्यों नहीं मेरी, पीड़ा को कोई समझ रहा है,
कैसे बताऊँ माँ, दर्द मेरे पेट में हो रहा है!
चुप कराने के लिए, ज़बरन मुझे दूध पिला रही हो,
पीड़ा को मेरी, समझ क्यों नहीं पा रही हो!
गीला होता हूँ, तो माँ रोने मैं लगता हूँ,
पर माँ मैं, तुमको बता नहीं पाता हूँ!
तुम गोद में ले, मुझे बहलाने लग जाती हो,
पर भावना को मेरी, समझ क्यों नहीं पाती हो!
बाहर घूमने का, माँ मेरा भी मन करता है,
मन मसोस कर, पर अन्दर ही अन्दर रहना पड़ता है!
मन मेरा भी, होता है बात करने का,
भावना अपनी, व्यक्त करने का!
क्या करूँ माँ, मैं बोल नहीं पाता हूँ,
दिल की बात, माँ बता नहीं पाता हूँ!
नींद जब आती है मुझे, तो रोने मैं लग जाता हूँ,
पर माँ तुम्हें, मैं बता नहीं पाता हूँ!
तुम मुझ को, गोद में ले घूमाने लग जाती हो,
थपकी दे दे कर, क्यों नहीं मुझ को सुलाती हो!
क्यों नहीं मेरी, पीड़ा को कोई समझ रहा है,
कैसे बताऊँ माँ, दर्द मेरे पेट में हो रहा है!!

14. जीवन एक पतंग

नटखट जीवन, न जाने कब बीत गया,

देखते ही देखते, यादों का पिटारा छोड़ गया!

नटखट जीवन, भी क्या जीवन था,

रूठना मनाना, कितना आसान था!

पंख लगते ही, न जाने कहाँ उड़ गया,

जवानी की दहलीज़, पर खड़ा कर गया!

जीवन बन गया, अब पतंग सा,

होसलों की डोर, थामे कभी आसमान की सैर कराता है,

तो कभी निराशा की डोर थामे, गोते भी खिलाता है!

नई आशाओं के साथ, फिर हिचकोलियां खाता है,

मंज़िल की ओर फिर, ऊँचाइयों को छूता जाता है!

क़दम क़दम पर, संघर्ष से पेंच लड़ाता है,

लक्ष्य की ओर अपने, बड़ता ही जाता है,

तो कभी, बड़ी चुनौती की तेज़ धार से पतंग कटवा लेता है,

न हारता है हिम्मत, उम्मीदों की डोर से लक्ष्य पूरा कर लेता है!!

नटखट जीवन, न जाने कब बीत गया,

देखते ही देखते, यादों का पिटारा छोड़ गया!!

15. ईश्वर पर आस्था

ईश्वर पर आस्था हो तो,
सारे काम आसान हो जायेंगे!!
राह कितनी भी कठिन हो तो,
रास्ते ज़रूर मिल ही जाएँगे!
विश्वास हो अगर ख़ुद पर तो,
लक्ष्य हासिल भी हम कर पाएँगे!
ऊबड़ खाबड़ रास्ता भी हो तो,
आसानी से हम पार कर पायेंगे!
जीवन एक चुनौती है मान लिया तो,
सामना भी हम कर पायेंगे!
हिम्मत नहीं हारेंगे कभी तो,
जीत कर ही हम दिखायेंगे!
ठान लिया अगर कुछ करने का तो,
डट कर मुक़ाबला हम कर पायेंगे!
न डरेंगे किसी चुनौती से तो,
मंज़िल पर हम पहुँच पायेंगे!
डर कर अगर भाग गये तो,
सपने कैसे पूरे कर पायेंगे!
ज़िद पर अगर अड़ गये कुछ करने की तो,
हासिल करके ही हम मानेंगे!
ईश्वर पर आस्था हो तो,
सारे काम आसान हो जायेंगे!!

16. भयभीत भक्ति

दौड़ा आया शरण तुम्हारे,
काँप रहा विपदाओं की मारे!
आया काम छोड़ मैं सारे,
कर रहा विनती भय के मारे!
रिश्वत खोरी न थी छोड़ी,
की थी न वह भी थोड़ी!
किये थे सारे काले घंघे,
बन गये अब गले के फंदे!
किये थे कई घोटाले मैंने,
पड़ रहे हिसाब अब देने!
आशा की उम्मीद लिये,
अपने कर्मों पर सोच किये!
आया हूँ मैं शरण तुम्हारी,
लाज राखो हे गिरिधारी!
की थी तुमने भी माखन चोरी,
पीड़ा हरो अब तुम ही मोरी॥

17. अद्भुत भक्ति

मन्दिर के द्वार पर, शीश नवा कर,
एक सुन्दर सी बाला, हाथ में लिए माला,
आँख बंद किए, हाथ जोड़े हुए,
विनती कर रही थी!
प्रभु देना ऐसा वर, जीवन नैया हो तर,
वर देना मुझको ऐसा, मैं कहूँ करे वो वैसा,
करे वो ही सब काम, करती रहूँ मैं आराम,
विनती कर रही थी!
करती रहूँ मैं श्रृंगार, काम की पड़े न मार,
बेड टी मुझे पिलाए, खाना भी वो ही बनाए,
पार्लर मुझे ले जाए, ख़र्चे से न घबराए,
विनती कर रही थी!
फ़िल्में मुझे दिखाए, गपशप भी करता जाए,
खाना बाहर खिलाए, नख़रे न दिखाए,
सैर सपाटे पर ले जाए, कोई बहाना न बनाए,
विनती कर रही थी!
भरी रहे हरदम उसकी जेब, जेब कभी ख़ाली न बताए,
विदेश मुझे ले जाए, सारी इच्छा मेरी पूरी करता जाए,
प्रभु केवल इतनी सी ही है मेरी आस, करना न उदास,
विनती कर रही थी!!

18. क्षणभंगुर जीवन

सुगन्ध से अपनी, मेरी बगिया को,

महका रहे थे, सुन्दर सुन्दर फूल, गुलाब के!

हाथ में लिये मैं झारी, दे रही थी पानी,

ख़ुश हो रही थी, सोच कर कि,

कुछ दिन अपनी सुगन्ध से,

बगिया को मेरी, महकाते रहेंगे फूल, गुलाब के!

इतने में ही, ना जाने कहाँ से,

आई ज़ोर की आँधी, उड़ गई पंखुड़ियाँ सारी,

रह गई केवल डाली, गुलाब की!

जीवन की हमारी ये बगिया,

है ये एक सपना, ना जाने कब,

बन जायेगी, ये भी एक दिन निवाला, काल की॥

19. बेटी का ब्याह

पत्नी बोली पति से, सुनो जी एक बात,
चिंता मुझे, हो रही दिन रात!
पति बोले अजी, बताओ भी क्या है राज,
बेचैन क्यों हो रही? नहीं है काम काज?
पत्नी बोली, अजी बेटी का ब्याह रचाना है,
शादी में, हमें मेहमानों को भी बुलाना है!
मेहमानों की संख्या तो, लगातार घट रही है,
चिंता मेरी अब, दिनों दिन बड़ रही है!
चोरी डकेती, हो रही है हर जगह,
आ नहीं रहे, रिश्तेदार है यह वजह!
बारात का, स्वागत किससे करवाओगे?
क्या लड़के वालों से, खिल्ली उड़वाओगे!
पति बोले, क्यों परेशान होती हो रानी,
अरमानों पर, अपने फेरो न तुम पानी!
लेकर आयेंगे हम, किराये के घराती,
देखकर ख़ुश, हो जायेंगे उन्हें बाराती!
स्वागत बारात का, करके ही वो जायेंगे,
फ़ीस ले अपनी, दावत भी खायेंगे!
नीचा न सिर, फिर हमारा होगा,
किराये से ही सब कुछ होगा!
मेहमानों का घर में, न होगा जमघट,
मान मनुहार का, न फिर होगा झंझट॥

20. शरण में आने की चाह

भक्त खड़ा द्वार पर, माँग रहा है भीख,
झोली भर दे, हे प्रभु, देय दया की भीख!
पाने के लिए तुम्हें, व्याकुल हो रहा हूँ मैं,
पर अनजाने में, पता नहीं, कहाँ भटक रहा हूँ मैं!
दुनिया की मोह माया में, खोया हुआ हूँ मैं,
जीवन के अपने मक़सद को भूला हुआ हूँ मैं!
दुनिया के रंग में, रंगा जा रहा हूँ मैं,
भूल भूलैय्या में, फँसा जा रहा हूँ मैं!
इच्छाएँ तृष्णाएँ, मुझे लुभा रही हैं,
मक़सद के जीवन के, मुझे भुला रही हैं!
दुनिया की चकाचौंध में, डूब गया हूँ मैं,
तेरी अपरम पार महिमा को भूल गया हूँ मैं!
ख़ुशियाँ जीवन की, बाहर ढूँढ रहा हूँ मैं,
घन दौलत के पीछे, भाग रहा हूँ मैं!
सुख की तलाश में, भोग विलास में खोया हूँ मैं,
दुख ही दुख, हर जगह पा रहा हूँ मैं!
शरण में तेरी, हे प्रभु आना चाहता हूँ,
दूर दुनिया से, अब भागना चाहता हूँ!
हे प्रभु अब तो, हार गया हूँ मैं,
शरण में अब तेरी, आना चाहता हूँ मैं!
दया करो प्रभु, अब मुझे राह दिखाओ,
मुझ अज्ञानी को, भवसागर पार लगाओ!!

21. बुढ़ापा

बुढ़ापा जीवन की, एक शांत संध्या है!

बुढ़ापा जीवन का, अनमोल रत्न है!

बुढ़ापा जीवन के, अनुभवों का ख़ज़ाना है!

बुढ़ापा जीवन की, सारी ज़िम्मेदारी निभाकर आता है!

बुढ़ापा जीवन में, बेफ़िक्री से जीना सिखाता है!

बुढ़ापा जीवन में, एकांत का अनुभव कराता है!

बुढ़ापा जीवन में, अपने लिए समय गुज़ारने आता है!

बुढ़ापा जीवन में, सुखद यादें संजो कर आता है!

बुढ़ापा जीवन में, घन कमाने की लालसा से मुक्ति दिलाता है!

बुढ़ापा जीवन की, खट्टी मीठी यादों को समेट कर लाता है!

बुढ़ापा जीवन में, हर उम्र के अनुभव के बाद आता है!

बुढ़ापा जीवन के, हर संघर्ष को जीत कर आता है!

बुढ़ापा जीवन में, परिवार के साथ समय बिताने आता है!

बुढ़ापा जीवन की, भाग दौड़ से मुक्ति दिलाने आता है!

बुढ़ापा जीवन में, ईश्वर की कृपा होने पर ही आता है!

बुढ़ापा जीवन में, ईश्वर का वरदान ले कर आता है!

बुढ़ापा जीवन में, प्रभु भक्ति में समय बिताने आता है!

बुढ़ापा जीवन में, मोह माया से मुक्ति दिलाने आता है!

बुढ़ापा जीवन की, एक शांत संध्या है!

बुढ़ापा जीवन का, अनमोल रत्न है!!

22. ज़िंदगी

ये ज़िंदगी है साहब, हर पल कुछ नया सिखाती है!

ज़िंदगी के हर पल से, रूबरू हमें कराती है!

ज़िंदगी के हर मोड़ पर, कुछ नया हमें सिखाती है!!

कभी हमें ये आशाओं की, किरणें दिखाती है,

तो कभी निराशा के, अंधकार को भी दिखाती है!!

कभी हर पल हमें, ये हँसाती है,

तो कभी दुःख में भी, ये रुलाती है!

ये ज़िंदगी है साहब, हर पल कुछ नया सिखाती है!!

उम्मीदों की डोर पर, कभी आसमान की सैर कराती है,

तो कभी निराशा की पतवार से, नीचे भी हमें गिराती है!!

उम्मीदों के पंख लगा, आगे बड़ना ये सिखाती है,

तो कभी असफलता दिखा, नीचे भी हमें गिराती है!!

ये ज़िंदगी है साहब, हर पल कुछ नया सिखाती है!

जीवन में उल्लास भर, जीवन को आनंदित कर देती है,

तो कभी निराशा के बादल से, अंधकार से जकड़ लेती है!

ज़िंदगी भी एक किताब है, हर दिन नया अनुभव कराती है,

संघर्ष के दिन भी दिखाती है, मनोबल भी ये बड़ाती है!!

ये ज़िंदगी है साहब, हर पल कुछ नया सिखाती है!!

23. बीते वर्ष

ऐ गुज़रते हुए साल तूने,
न जाने कितने रंग दिखाए!
कभी ख़ुशी के आँख में आँसू आए,
तो कभी ग़म के आँसू भी बरसाए!
कितनों से हमें मिलाया,
तो कितनों से हमें बिछड़ाया!
कितनों ने हमें हँसाया,
तो कितनों ने हमें रुलाया!
आशा की किरणें देख मुस्कुराए,
तो ग़म के बादल भी मँडराए!
सबक़ ज़िंदगी जीने के सिखाए,
तो ज़िंदगी जीने के मक़सद भी बताए!
कितने सपने हमने सजोय,
तो कितने पूरे कर न पाए!
कितनी जगह हम जीत गए,
तो कितनी जगह हम पिछड़ गए !
खट्टी मीठी यादों को संजोय हुए,
बिदा कर रहे हैं तुमको भावुक हुए !!!!

24. माँ की ममता

हाथ थाम बच्चे का ,
माँ चलना सिखा रही थी!
हर क़दम देख बच्चे का,
माँ फूली नहीं समा रही थी!
डगमगाते क़दमों से अपने,
बच्चा भी चल रहा था!
हाथ थाम बच्चे का,
गिरने से उसे बचा रही थी!
कल था जो बच्चा,
आज बड़ा हो गया है!
थामा था कल हाथ जिसका,
आज हाथ माँ का थाम रहा है!
हर क़दम पर माँ के,
सचेत माँ को कर रहा है!
जिसे सम्भाला था कल,
आज माँ को, सम्भाल रहा है!
आँसू माँ के ख़ुशी से,
थम नहीं रहे हैं,
अरमान सभी जीवन के,
बच्चे में दिख रहे हैं॥

25. एक माँ की बेबसी

कराती है स्तनपान धाय माँ,
मालिक के बच्चे को॥
भूख से बिलखते, देख बच्चे को ख़ुद के,
पोर उँगली का, डाल मुँह में उसके,
स्तनपान का झूठा, आभास कराती है ,
बच्चे को ख़ुद के॥
ममता और अरमान की,
किश्ती बना, बहा देती है,
आँसू के सैलाब से, बेबस सी भीगी पलकों से,
लगती है निहारने, भूख से बिलखते,
बच्चे को ख़ुद के॥

26. माँ का वात्सल्य

कहाँ छिपे हो कृष्ण कन्हैया, ढूँढे तुझे, यशोदा मैया!
माखन की, की थी चोरी, कर रहे अब, सीना जोरी!
दे रही गोपियाँ उलाहना, छोड़ नहीं रहे, उन्हें सताना!
हाथ में तुम, जब आओगे, नहीं फिर तुम, बच पाओगे!
हाथ जोड़े कन्हैया आये, चरणों में है शीश नवाये!
मैं नन्हा बालक हूँ माई, मटकी कैसे हाथ आई,
ग्वालों ने जाल बिछाया, लालच दे मुझे फँसाया!
फस गया मैं उनकी जाल, न समझा मैं उनकी चाल!
बंसी मेरी दे दे मैया, ले जाऊँगा तेरी गैया,
भूल गई गुस्सा मैया, ले आई अपनी गैया॥

27. बेटे का दर्द

क्या बेटा हूँ, तो किसी को मेरी परवाह नहीं?
क्या बेटा हूँ तो कोई मेरी भावनाएँ नहीं?
क्यों हरदम मुझको ही भुलाया जाता है?
बेटी का ही, गुणगान किया जाता है?
मुझे भी, अपने माँ बाप की फ़िक्र होती है!
मेरी भी, आँखें गीली होती हैं!
मुझ पर भी, कई जिम्मेदारियाँ होती हैं!
धन कमाने, माँ बाप की छत्र साया से,
बड़ा होते ही,कोसों टूर जाना पड़ता है!
संघर्ष ही संघर्ष, हर जगह मुझे करना पड़ता है!
कई बाधाओं को, अकेले पार करता हूँ!
फिर अपनी, मंज़िल तक पहुँचता हूँ!
याद घर की, मुझे भी आती है!
अन्दर ही अन्दर,आँसू पी लेता हूँ!
मत भूलो कि मैं भी एक बेटा हूँ॥

28. गृह सेविका की व्यथा

सुबह सवेरे नहा धो कर, निपटाती हूँ घर के काम,
चाय पानी पिला सबको, निकल जाती हूँ अपने काम!
घर घर के काम निपटा, सोचती हूँ घर जा करूँ आराम,
पर घर आकर भी, नहीं कर पाती थोड़ा विश्राम!
दिखते हैं काम हज़ारों, तो कैसे करूँ मैं विश्राम,
खाना भी खा नहीं पाती, दिखते हैं और भी काम!
भागमभाग ज़िंदगी से, नहीं मिलता थोड़ा आराम,
थकी हारी नारी मैं, निकल जाती हूँ फिर से अपने काम!
हाथ पैर दर्द करने लगते, कैसे करूँ मैं बाहर के काम,
कमर दर्द से हूँ परेशान, अब तो करना होगा आराम!
नहीं चाहिए मुझे पैसा, छोड़ूँगी मैं सबके काम,
घर में रह, शांति से खाना खा करूँगी मैं अब आराम!

29. चाँदनी रात

चाँदनी रात में, चाँद शर्मा रहा था,
बादलों की ओट में, छिपा जा रहा था!
राह में एक पथिक, चला जा रहा था,
मस्ती में गीत, गुनगुनाये जा रहा था!
प्रियतम की बाट, प्रियतमा जोह रही थी,
नयनों में नीर भरे, व्याकुल हो रही थी!
दो युवा प्रेमी, सड़क पर टहल रहे थे,
बाहों में बाहें डाले, हँसे जा रहे थे!
सामने छत पर, नव विवाहिता दिख रही थी,
पति से उसके, हँस हँस कर बात कर रही थी!
हम भी उन नज़ारों में, तल्लीन हो रहे थे,
पति की पुकार से, हम बेख़बर हो रहे थे!
हम भी अपने पति को, छत से पुकार रहे थे,
जल्द ऊपर आने का, बोल रहे थे!
पति भी जल्द ही, छत पर आकर नज़ारा देख रहे थे,
और हम दोनों भी,चाँदनी रात में मस्त हो रहे थे!

30. तोते की पीड़ा

सोच रहा, पिंजरे का तोता,
मन ही मन, मैं यहाँ रोता।
क़ैद न अगर, पिंजरे में होता,
आज़ादी ना मैं, अपनी खोता।
दूर गगन में, उड़ने जाता,
हाथ किसी के, न आ पाता॥
बागीचों में, उड़ करके जाना,
मन पसन्द के, फल है खाना।
सदा साथ, साथियों के रहना,
मस्ती साथ, उनके करना,
याद अभी भी, सब कुछ आता।
भूल न, उन दिनों को पाता॥
पीड़ा मेरी, किसे सुनाऊँ,
दिल का दर्द, किसे समझाऊँ।
जीवन में मेरे, घोर निराशा है,
जीने की, न अब कोई आशा है॥

31. मैं पर अभिमान

करता है क्यों मैं पर, अभिमान हे इन्सान,
मैं से तू, केवल एक इन्सान है!
मैं से तेरा, कोई अस्तित्व नहीं,
मैं से तेरा, कोई महत्व नहीं!
चल रही है, दुनिया हम सब से,
क़दम क़दम पर, ज़रूरत होती है सब से!
अकेला तो तू, परिवार भी बना न पाएगा,
अपना दुःख दर्द भी, बाँट न पाएगा!
तन ढकने के लिए, वस्त्र की होती है ज़रूरत,
सर छिपाने के लिए, होती है मकान की ज़रूरत!
सोच क्या अकेले तू, ये सब कर पाएगा,
क्या पेट भर, खाना खा पाएगा!
क्या अकेला तू, त्यौहार मना पाएगा,
बिना साथ के तू, क्या उल्लास भी कर पाएगा!
बीमारी में भी, होती है किसी की ज़रूरत,
हिम्मत बँधाने में भी, होती है किसी की ज़रूरत!
जीवन का आनंद, तू तब ही ले पाएगा,
मैं से जब, दूर हटता जाएगा!
करता है क्यों मैं पर, अभिमान हे इन्सान,
मैं से तू, केवल एक इन्सान है!!

32. मेरा चंचल मन

मेरा चंचल मन एक पल भी नहीं क्यों,
तू ठहरता है!
कभी यहाँ तो कभी वहाँ न जाने क्यों,
तू भागता रहता है!
कैसे तुझ को पकड़ूँ, कैसे क़ैद करूँ तुझको न जाने क्यों,
तू एक जगह नहीं ठहरता है!
बड़े बड़े तपस्वी भी हार गए तेरे कारण क्यों,
तू उनकी तपस्या भंग करता है!
कोई काम करने की सोचूँ तो क्यों,
तू मुझको भटका देता है!
कभी बीती बातों की याद दिला कर क्यों,
तू मुझको रुलाने लगता है!
तेरे ही कारण ही मन रुक जाते हैं कई काम अधूरे क्यों,
तू आलस दिला कर टालने लगता है!
हाथ में पकड़ आ जाए कभी तो तुझको समझना पड़ेगा क्यों,
तू हरदम भागता रहता है!
थोथे रिश्तों में उलझा कर, मोह माया में फँसा कर क्यों,
तू प्रभु भक्ति में विघ्न डाला करता है!!!!

33. चाय

वो सर्दी के दिन की सुबह ही क्या,
जब अदरक वाली चाय से,
दिन की शुरुआत न हो!
वो बारिश के मौसम का मज़ा ही क्या,
जब गरमागरम पकोड़ों के साथ,
चाय का प्याला न हो!
वो गर्मी के दिन ही क्या,
जब इलायची वाली चाय की महक से,
ठंडक का अहसास ही न हो!
वो महफ़िल ही क्या,
जब दोस्तों के साथ हँसी-ठिठोली करते समय,
चाय की चुस्कियाँ ही न हो!
वो मेहमान नवाजी ही क्या,
जब घर आये मेहमान का,
चाय से स्वागत ही न हो!
वो घर आने पर सुकून के पल बिताने का मज़ा ही क्या,
जब परिवार के साथ बैठकर,
कड़क चाय का प्याला ही न हो!
वो ज़िंदगी का आनन्द ही क्या,
जब कभी मसाले वाली चाय का,
स्वाद ही लिया ही न हो!!!!

34. सुख दुःख

न सुख चिरस्थायी है और न दुःख चिरस्थायी है!
हे मानव फिर दुःख से क्यों तू घबराता है,
और सुख में क्यों तू इतराता है!
दुख आएगा तब ही तो तू सुख का अनुभव कर पाएगा,
नहीं तो जीवन तेरा नीरस हो जाएगा!
बार बार बच्चा गिरता है,
तब ही तो चलने का सुख पाता है!
कई संघर्ष करने के बाद ही इतिहास रचा जाता है,
संघर्ष किए बिना क्या हासिल कुछ हो पाता है!
कितनी महान हस्तियों ने पहले दुःख को गले लगाया है,
कितनी असफलताओं के बाद जीत का जश्न मनाया है!
वृक्ष से पत्ते गिरते हैं तब ही तो नए आते हैं,
वृक्ष को फिर से हराभरा कर देते हैं!
हर दुःख के पीछे सुख छिपा है जब ये तू जान पाएगा,
तब ही जीवन का असली सुख तू ले पाएगा!
घनघोर अंधेरे के बाद ही जब सूर्य की किरणें दिखती हैं,
सारे जग में फिर से उजियारा वो कर देती हैं!
सुख दुःख तो जीवन में आएँगे,
कुछ नया सिखा कर जाएँगे!
न सुख चिरस्थायी है और न दुःख चिरस्थायी है!
हे मानव फिर दुःख से क्यों तू घबराता है,
और सुख में क्यों तू इतराता है!!!!

35. रेल का सफ़र

ट्रेन आने पर, बैठने के लिए खिड़की के पास दौड़े हम सब,
खिड़की के पास एक एक कर, बैठने के लिए राज़ी हो गए सब!
गार्ड ने दिखाई हरी झंडी, ट्रेन की रफ़्तार बड़ने लगी,
हरे भरे खेत देख, पेड़ों को भागता हुआ देख मुस्कान आने लगी!
हम बच्चे एक एक कर, खिड़की के पास बैठने लगे,
हवा के कारण नींद के, झोंके आने लगे!
कुछ देर में भूख सताने लगी, माँ खाना सब को देने लगी,
टिफ़िन अपना अपना खोल कर, खाना हम खाने लगे!
आलू ,पूरी, अचार की महक, सब दूर फैलने लगी,
ट्रेन में खाना खाने की, यादें अक्सर याद आने लगी!
हर स्टेशन की बात निराली थी, चाट पकोड़ी का स्वाद,
हर स्टेशन के पकवानों का, अलग अलग था स्वाद!
रात को ट्रेन में, कौन कहाँ सोएगा, ये सोचा जाता था,
फिर हमें अपनी अपनी सीट पर, सुलाया जाता था!
ट्रेन चलती तो, आभास झूले का होता था,
चलती ट्रेन में, मज़ा सोने का और ही होता था!
ट्रेन में यात्रियों का, आना जाना और उनसे घुल मिल जाना,
कितना अच्छा लगता था, जाते समय उनका मिल कर जाना!
याद अभी भी आता है, वो गुज़रा हुआ प्यारा सा बचपन,
ट्रेन की खिड़की के पास बैठने की ज़िद करता बचपन!!
बचपन की यादों से जुड़ा है, मेरा प्यारा सा रेल सफ़र!!

36. ये कैसी दिवाली है

ये कैसी दिवाली है?
एक तरफ़ पकवानों की ख़ुशबू से घर महक रहा है,
रौशनी की जगमगाहट से घर चमक रहा है!
आतिशबाज़ी के लिए फटाकों का ढेर लग रहा है,
सजावट के लिए बेशुमार पैसा लग रहा है!
महँगे से महँगे वस्त्र ख़रीदे जा रहे हैं,
मिठाइयों के डिब्बे ख़रीदे जा रहे हैं!
अनाप शनाप लोग ख़र्च कर रहे है,
दिखावे में जी जान लगा रहे हैं!!
दूसरी तरफ़ देखो, भूखा बच्चा खाने को तरस रहा है,
भूख के कारण, व्याकुल हो रहा है!
न जाने कब से, भूखा लग रहा है,
मिठाइयों की दुकान को, ललचाई दृष्टि से देख रहा है!
फटेहाल कपड़ों में, ठंड से ठिठुड़ रहा है,
पहनने के लिए कपड़ों, के लिए तरस रहा है!
क्यों न उनको, मिठाइयाँ और वस्त्र दिए जाएँ,
क्यों न उनका घर, रौशन किया जाए!
दिवाली तो असली, तब ही होगी,
हर घर में जब, ख़ुशियाँ होंगी!!

37. ये कैसी भूख है

पेट की भूख मिटाने को,
दो वक़्त की रोटी जुटाने को,
देखो ये मज़दूर कड़ी मेहनत कर,
कितना पसीना बहा रहा!
दूसरी तरफ़ देखो, मृग तृष्णा सी भूख मिटाने को,
धन की लालसा के कारण,
अनेकों इच्छाओं को पूरा करने के लिए,
कैसे ये मानव ग़रीबों का ख़ून चूस रहा!
ये कैसी भूख है?
ख़ुद की उन्नति की भूख के ख़ातिर,
मानवता को भूल कर,
दूसरों को नीचा दिखाने के लिए,
देखो ये मानव कैसा व्यवहार कर रहा!
बिना मेहनत धन कमाने के लिए,
इंसानियत को भूल कर,
भोली भाली जनता को,
कैसे ये मानव नए नए हथकंडे अपना कर लूट रहा!
ये कैसी भूख है?
वाह री भूख, तेरे रूप अनेक,
तरह तरह की भूख सबको सता रही,
देखो ये मानव नित्य नई युक्ति सोच रहा!
भोली भाली जनता को, कैसे ये लूट रहा!
ये कैसी भूख है!!
ये कैसी भूख है!!

38. ये कैसा आधुनिकरण है

ये कैसा आधुनिकरण है!

कहाँ खो गई वो रिश्तों की डोर, कहाँ गया अपनत्व का दौर,

रह गया केवल शिष्टाचार, खो गया वो मान मनुहार का दौर!

पंगत में प्रेम से बैठा खाना खिलाना, प्यार से उन्हें परोसना,

बीत गया वो सुनहरा ज़माना, हो गया अब बेशर्मी से खाना!

पैर छू बड़ों का आशीर्वाद लेना, हाथ जोड़ प्रणाम करना,

बदल गया अब सारा ज़माना, हेलो हाय में सिमट गया ज़माना!

दादा, नाना, चाचा, मामा, जीजा कहना भूल गए,

दादू, नानू, चाचू, मामू, जीजू अब वो हो गए!

पहले छत पर खुली हवा में बिस्तर लगा साथ में सब सोते थे,

तारों भरी आसमान की सुंदरता को भी निहारते थे!

खिड़की दरवाज़े सब बंद कर, अन्दर ही अब सोते है,

पंखे, कूलर की हवा में ही रात भर अब सोते हैं!

सड़क पर बेशुमार, वाहन अब दौड़ रहे है,

वायु में ज़हर घोल रहे हैं!

डाकिये की आवाज़ सुन, भाग करके जाना,

पत्र हाथ में ले दौड़ कर आना!

एक पत्र से ही सारे समाचार मिल जाते थे,

सारे सदस्य पत्र पढ़ने लग जाते थे!

अब तो फ़ोन पर, निजी समाचार आते हैं,

पढ़कर उन्हें लॉक फ़ोन पर, कर दिए जाते हैं!

कहाँ गए वो गिल्ली डंडी, काँच के कंचे भी खो गए,

कहाँ गई वो आँख मिचौली, पकड़म पकड़ाई भी भूल गए!

बचपन बच्चों का न जाने कहाँ चला गया,

सारा वक़्त अब, होम वर्क में ही चला गया!!
ये कैसा आधुनिकरण है, ये कैसा आधुनिकरण है!!

आभार एवं शुभकामनाएँ

प्रिय पाठकों,

मैंने अपने जीवन में कई तरह के उतार चढ़ाव देखे, आशा और निराशा के भावों की भी अनुभूति की। जाने अनजाने में आप लोगों से भी मुलाक़ात हुई होगी और आप लोगों के जीवन से भी कुछ न कुछ सीख मिली होगी, उसके लिए हृदय से धन्यवाद। मैंने प्रकृति को बहुत क़रीब से देखा, उससे भी सीख मिली एवं कई महान हस्तियों ने मेरे जीवन पर प्रभाव डाला। समाचार पत्र में कई तरह के समाचार पढ़े, उन सभी से कभी मन आनंदित हुआ तो कभी व्याकुल भी हुआ।

प्रिय पाठकों, इस पुस्तक में सजी कविताएँ मेरे जीवन के उन क्षणों का प्रतिबिम्ब है जिनसे प्रभावित हो कर मैंने अपनी अनुभूति को इसमें संजोने का प्रयास किया है। अगर मेरी कविताएँ आपके हृदय में कोई स्थान बना पाई हों तो ये मेरी सबसे बड़ी उपलब्धि होगी।आपकी प्रतिक्रियाएँ, सुझाव और भावनाएँ मेरे लिए अत्यंत मूल्यवान हैं। आपके विचारों और भावनाओं को जानने की प्रतीक्षा रहेगी।

आपका स्नेह और समर्थन हमेशा मिलता रहे, इसी कामना के साथ...

शकुन्तला चौबे